NATIONAL GEOGRAPHIC

Peldaños

LOS
MAYAS

Americanos precolombinos

PIRÁMIDES EN LA SELVA

por Becky Manfredini

Los visitantes suben por escalones empinados para llegar a la parte superior del Templo de las Máscaras. Esta pirámide maya se encuentra en un bosque tropical en Guatemala.

Cuando piensas en las pirámides, probablemente te acuerdas de las grandes pirámides de Egipto. Pero otro grupo de gente llamada mayas, también construyeron pirámides. Los mayas vivían junto al océano Atlántico, en **Mesoamérica**, que significa "América media". Era una región cultural que incluía partes de México y Centroamérica actuales.

Las pirámides mayas eran tan asombrosas como las que construyeron los antiguos egipcios, pero los mayas las construyeron por otras razones. Los faraones, o líderes, del antiguo Egipto construyeron sus pirámides como **tumbas**. Después de que morían, se enterraba a los faraones en las profundidades de las pirámides. Allí los rodeaban con muchos tesoros. Las pirámides luego se cerraban para proteger los cuerpos y los tesoros de los faraones.

Los mayas también usaban algunas pirámides como tumbas. Sin embargo, con más frecuencia, estas magníficas estructuras eran lugares para que los mayas adoraran a sus dioses y celebraran. Las pirámides mayas se construían en el centro de las ciudades. Las construían muy altas para que las personas pudieran ver qué sucedía en ellas.

Los antiguos egipcios dejaron de construir pirámides en el año 2100 a. C., aproximadamente. Las pirámides de Mesoamérica comenzaron a construirse 1,100 años después. Es un misterio cómo esas dos civilizaciones construyeron estructuras tan similares en diferentes épocas y lugares.

3

PIRÁMIDES EGIPCIAS

Unas 6,200 millas separan las pirámides del antiguo Egipto de las pirámides de Mesoamérica.

Los antiguos egipcios construyeron las pirámides de Giza para que perduraran en el tiempo. De hecho, las tres pirámides gigantes de Giza, en Egipto, han preservado orgullosamente su lugar en el desierto durante más de 4,500 años. Construidas como tumbas para más de tres faraones antiguos, tienen muchas características interesantes.

La mayoría de las pirámides egipcias se construyeron con una capa de piedra por vez. Hasta 100,000 trabajadores desenterraron y cortaron cada piedra para que tuvieran el mismo tamaño y forma. Usaron cuerdas y trineos de madera para arrastrar las piedras de dos toneladas por una rampa hacia arriba. ¡Tomó unos 20 años construir la pirámide más grande!

Los antiguos egipcios ubicaron sus pirámides lejos de las ciudades. Construyeron las pirámides de Giza en las afueras de la antigua ciudad de Memphis, en Egipto.

PIRÁMIDES MAYAS

En la actualidad, muchas pirámides mayas están ocultas en selvas lejos de las ciudades modernas. Pero en la época en que se construyeron, eran el corazón de las ciudades mayas. Los mayas solían pintar las pirámides con colores brillantes y les agregaban tallas y estatuas. Algunas tenían escaleras tan altas que parecía que tocaban el cielo. Pueden hallarse ejemplos de pirámides decoradas en una ciudad maya llamada Palenque.

Elevándose desde el suelo en escalones superpuestos, las pirámides de Palenque han dominado el este de México desde el año 600 a. C. Para construirlas, los trabajadores reunieron piedras de la densa selva que rodea la ciudad. Apilaron las piedras una sobre otra para construir las paredes de las pirámides.

Con los siglos, la pintura roja y azul brillante ha desaparecido de las pirámides mayas de Palenque. Los arqueólogos creen que los mayas pintaron el Templo de las Inscripciones, que se muestra abajo, de color rojo oscuro.

DE LOS MAYAS

Todas las pirámides del antiguo Egipto se parecían, pero las pirámides mayas tienen formas y tamaños diferentes. Hechas para honrar a dioses y reyes, algunas pirámides todavía están en pie como ejemplos de las destrezas en construcción que tenían los mayas. Miremos las pirámides de tres ciudades mayas diferentes en Mesoamérica: El Tigre, en la ciudad de El Mirador; el Templo del Gran Jaguar, en la ciudad de Tikal y El Castillo, en la ciudad de Tulum.

EL TIGRE

Entre los años 600 a. c. y 150 d. c., una ciudad maya llamada El Mirador prosperaba en el bosque tropical de la actual Guatemala. Elevada a 180 pies sobre la ciudad, estaba la pirámide llamada El Tigre. Una plataforma ancha y tres templos pequeños se encontraban en la parte superior de El Tigre. Enormes máscaras humanas y felinas decoran estos pequeños templos. Los reyes mayas realizaban ceremonias en diferentes áreas de la plataforma sobre la pirámide. Los muros externos brillaban con un color rojo brillante bajo el caluroso sol. Adentro, dibujos elaborados decoraban las paredes.

TEMPLO DEL GRAN JAGUAR

Los mayas abandonaron la ciudad de El Mirador, aproximadamente en el año 150 d. C., posiblemente debido a la guerra. Una ciudad más al Sur, llamada Tikal, comenzó a florecer. La pirámide principal de Tikal era el Templo del Gran Jaguar, que se construyó para honrar a un gobernante maya. La tumba del gobernante se encuentra en lo profundo de la pirámide. El techo alto con grabados detallados en la parte superior de la pirámide se hizo con piedra.

EL CASTILLO

Una de las últimas ciudades mayas fue Tulum. Los mayas la construyeron alrededor del año 1200 sobre acantilados junto a la costa sudeste del México actual. La pirámide llamada El Castillo tenía muros protectores en tres lados. El cuarto lado caía a 40 pies en el océano Atlántico. Serpientes aladas de aspecto feroz decoraban las columnas en la parte superior de la pirámide. Los arqueólogos creían que los mayas pintaron las pirámides de color azul. Creaban el color azul con una planta llamada índigo.

TRAGADA POR LA SELVA

Al contrario de las pirámides del antiguo Egipto, que se elevan sobre el desierto, las pirámides mayas se ocultan en el frondoso follaje de la selva. La luz solar abundante y las lluvias torrenciales hacen que las plantas crezcan muy rápido aquí. Algunas de las pirámides se descubrieron por accidente cuando los viajeros tropezaron con ellas en la selva.

Un sacerdote español descubrió el Templo del Gran Jaguar en el año 1695 cuando se perdió en la selva. Pasó por las ruinas de la ciudad de Tikal y se convirtió en el primer europeo que viera sus maravillas. La selva también ocultaba otras estructuras mayas. Las pirámides y otros edificios de la ciudad de El Mirador parecían colinas empinadas. Pero entonces, en el año 1885, un ingeniero desenterró parte de un edificio.

Recientemente, se descubrieron aún más pirámides usando la tecnología. La pirámide de San Bartolo se encuentra al noreste de las ruinas de Tikal. Muchos mayas vivieron en el área desde el año 600 A. C. hasta el año 900 D. C., aproximadamente. Los arqueólogos usaron mapas **GPS** para ubicar las ruinas en el año 2011. El GPS (Sistema de Posicionamiento Global, por sus siglas en inglés). es un sistema satelital que ayuda a localizar lugares y los muestra en **3D**, o mapas tridimensionales. Los mapas GPS y 3D revelaron las ruinas de San Bartolo que fueron tragadas por la selva.

Esta ilustración de la pirámide de San Bartolo se hizo usando mapas GPS y 3D. Muestra el aspecto que probablemente tenía la pirámide hace cientos de años.

Los mayas construyeron una sala decorada con **murales**, o dibujos pintados en las paredes, debajo de la pirámide de San Bartolo.

Compruébalo ¿En qué se diferencian las pirámides de las ciudades mayas unas de otras?

El cho

por Brett Gover ilustraciones de Eric Larsen

¿De dónde proviene el chocolate? Quizá te sorprenda saber que el chocolate crece en un árbol, pero a este árbol asombroso no le brotan barras de chocolate. Descubramos qué hace en verdad.

El chocolate proviene de las semillas del árbol de **cacao**. Este árbol crecía antiguamente en los bosques tropicales de Centroamérica y Sudamérica. Pero en los siglos recientes, los entusiastas del chocolate lo han plantado en otras regiones tropicales del mundo.

El árbol de cacao, que llega solo a medir de 20 a 40 pies de alto, es más pequeño que muchos otros árboles del bosque tropical. El árbol de cacao crecería más alto si no fuera por el **dosel** del bosque tropical. El dosel está formado por las ramas y las hojas de los árboles más altos. La sombra del dosel bloquea la luz solar de las plantas más bajas, y sin que llegue esa luz solar, el árbol de cacao no puede crecer más alto.

Si observas un árbol de cacao en flor, verás flores brillantes de colores blanco, rosado y rojo. Las flores salen en el tronco y ramas más viejas. Después de cuatro meses, las flores se convierten en vainas con forma de pelota de fútbol americano que son un poco más largas que la mano de un hombre. Maduran en unos cinco meses. Cada una produce 20 a 60 semillas, llamadas granos de cacao.

> Un hombre arranca una vaina de cacao en la República Dominicana, un país que se encuentra en el Caribe.

De grano de cacao a barra de chocolate

La idea de que las barras de chocolate crecen en los árboles es alocada, desde luego, pero, ¿cómo se convierten las semillas del árbol de cacao en el valioso y refinado chocolate que a todos nos encanta?

vaina de cacao

1. Los granjeros del cacao usan un cuchillo o un palito para derribar las vainas maduras del árbol de cacao. Las vainas de color brillante pronto se ponen marrones.

4. Luego, los granos se tuestan en un horno para darles un sabor más fuerte y un color más oscuro. Después, los trabajadores les retiran la cáscara. Lo que queda se llama plumilla.

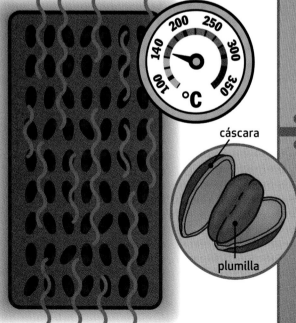

cáscara

plumilla

5. Los trabajadores muelen las plumillas y usan el calor y la presión para extraer dos líquidos de las plumillas. Uno es un líquido marrón oscuro llamado masa de cacao y el otro es un líquido claro llamado manteca de cacao. La manteca de cacao no tiene olor ni sabor, pero hace que el chocolate tenga un sabor suave cuando se lo come.

molienda de plumillas

aplicación de calor y presión

líquido

2. Luego, los granjeros abren las vainas y sacan los granos de cacao. Amontonan los granos, los cubren con hojas y los dejan **fermentar**, o pudrirse, unos días. Eso descompone los granos.

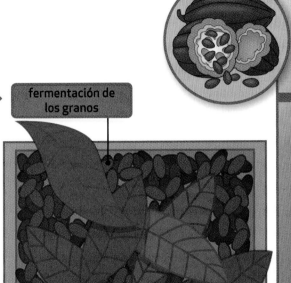

fermentación de los granos

3. Luego, los granjeros secan los granos fermentados al sol o en un horno. Los limpian para deshacerse de las ramitas y las piedritas.

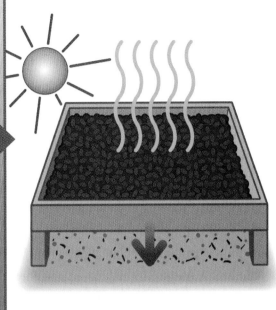

6. Para hacer chocolate con leche, los trabajadores agregan manteca de cacao, azúcar y leche a la masa de cacao. Mezclan la masa de cacao y la manteca de cacao. Prensan y amasan la mezcla entre dos rodillos para darle su textura lisa.

prensado y amasado de la mezcla

7. Luego, los trabajadores calientan y revuelven la mezcla continuamente durante 12 horas o más. Después, la vierten en moldes con forma de barras de chocolate. Luego de que las barras se enfrían y se solidifican, los trabajadores las envuelven. Colocan las barras de chocolate en cajas y las envían a las tiendas.

Un regalo de los dioses

Los mayas sin duda creían que el chocolate era delicioso, pero también lo consideraban un regalo de los dioses. Incluso adoraban a un dios del árbol de cacao y sus vainas. Los mayas valoraban tanto el chocolate, que usaban los granos de cacao como **moneda**, o forma de dinero. Usaban los granos de cacao para comprar productos y vender servicios.

Los árboles de cacao que crecen en forma silvestre en el bosque tropical no proporcionaban suficientes granos de cacao para satisfacer las necesidades de los mayas. Por lo tanto, talaron bosques y plantaron bosquecillos de esos árboles. Al igual que los chocolateros de la actualidad, secaban y tostaban los granos de cacao y luego molían las plumillas. Con frecuencia, combinaban la masa de cacao con harina de maíz. A veces agregaban chiles, vainilla, miel y especias para darle más sabor. La receta daba como resultado una bebida amarga y sabrosa. La espuma espesa y burbujeante que se formaba cuando se vertía esta bebida se consideraba la parte más deliciosa. Los mayas servían la bebida en jarras especiales durante las ceremonias religiosas.

> Esta jarra se creó con la forma del dios maya del cacao.

14

Este mural maya muestra a personas que preparan y beben chocolate. Los mayas creían que la bebida curaba muchas enfermedades, y no se equivocaban. En la actualidad, los científicos descubren cada vez más beneficios saludables del consumo de chocolate.

Cuando los exploradores españoles llegaron a Mesoamérica en el siglo XVI, bebieron el chocolate por primera vez. Les gustó tanto que lo llevaron a España. Ya en el siglo XVII, el antojo por el chocolate se había expandido a otras partes de Europa.

Pronto, personas de toda Europa comenzaron a crear sus propios alimentos y bebidas sabrosas a partir del grano de cacao. Por ejemplo, los españoles reemplazaron por azúcar las especias que los mayas le agregaban a su chocolate. En el siglo XIX, los europeos le agregaron leche a su chocolate. La bebida dulce y lechosa que resultaba, probablemente era semejante al chocolate caliente que las personas disfrutan en la actualidad.

Consumimos chocolate de muchas maneras, desde las barras de chocolate hasta la leche chocolatada. Los cocineros a veces usan chocolate sin azúcar en las salsas *mole* que son populares en la cocina mexicana. El chocolate quizá no sea sagrado en la actualidad, ¡pero nuestro mundo sería mucho menos delicioso sin él!

Compruébalo ¿Cuáles son los pasos para hacer el chocolate?

UN PASEO POR
Chiché

Campo de juego de pelota

El Caracol

Esta vista aérea muestra las ruinas de Chichén Itzá, una ciudad que antiguamente diez mil personas llamaban hogar.

n Itzá

por Elizabeth Massie

Pirámide de Kukulkán

¡**B**ienvenido a Chichén Itzá! Hoy pasearemos por las ruinas de esta gran ciudad. Entre los años 750 y 1200 D. C., Chichén Itzá era la ciudad maya más próspera de todas. Era la Nueva York de su época, un centro deslumbrante y activo lleno de personas y negocios. Cientos de años después, los visitantes siguen fascinados por la ciudad y su historia.

Chichén Itzá se encuentra en la península mexicana de Yucatán. Una **península** es un accidente geográfico que está rodeado de agua por tres de sus lados. La península de Yucatán penetra en el golfo de México. Los mayas construyeron Chichén Itzá en la península de Yucatán en el siglo VII como centro de cultura, comercio, gobierno y religión.

La ciudad siguió siendo poderosa hasta fines del siglo XVI, cuando los mayas la abandonaron. Permaneció sin cambios hechos por el hombre y protegida por la selva durante casi 300 años.

A mediados del siglo XIX, los arqueólogos comenzaron a explorarla y **excavar**, o desenterrar, este sitio sagrado. Desde entonces, han tenido mucho cuidado de preservar las ruinas que quedan. Los arqueólogos excavan sitios como Chichén Itzá para que podamos aprender sobre las personas que vivieron en el pasado. En la actualidad, Chichén Itzá atrae a miles de turistas de todo el mundo.

La pirámide de Kukulkán

La pirámide de Kukulkán se encuentra en la Gran **Plaza**, o plaza central, de Chichén Itzá. La pirámide honra al dios serpiente alada, Quetzalcóatl.

La pirámide de Kukulkán se eleva a 79 pies sobre el suelo de la selva. Cuatro conjuntos de 91 escalones en cada uno de los lados de la pirámide conducen a la cima. Si sumas todos los escalones, obtienes 364. Si luego incluyes la plataforma superior, el número total es 365, que representa los días del calendario anual.

Una gran escultura de piedra de la cabeza de Quetzalcóatl reposa en la base de la pirámide. Dos veces al año, al comienzo de la primavera y el otoño, sucede algo curioso. Mientras el sol se pone, una sombra desciende lentamente

Una escultura llamada *chacmool* custodia la pirámide de Kukulkán en Chichén Itzá. Muchos chacmool, hallados en toda Centroamérica, sostienen vasos en su abdomen. Los arqueólogos creen que los mayas dejaban obsequios a sus dioses en los vasos.

arrastrándose por las escaleras de la pirámide. La sombra tiene la forma del cuerpo de una serpiente. En la parte inferior, la sombra se une a la escultura de la cabeza de la serpiente. Es un espectáculo impresionante. Los mayas deben haber sabido mucho de sombras, arquitectura y las estaciones del año para crear este espectáculo asombroso.

⋀ Esta imagen tallada muestra a Quetzalcóatl, el dios serpiente alada de los mayas.

El Caracol

No cabe duda de que los mayas eran grandes **astrónomos**, o científicos que estudian el Sol, las estrellas y los planetas. Al igual que los astrónomos de la actualidad, construyeron edificios especiales para estudiar el cielo.

El Caracol, que se construyó entre los años 600 y 850 d. C., era un observatorio, un lugar donde los astrónomos mayas estudiaban el Sol, las estrellas y los planetas. Como muchos observatorios modernos, El Caracol es alto, redondo y está construido sobre una plataforma cuadrada. Esta estructura alta se elevaba bastante sobre los árboles de la selva. Los astrónomos mayas podían estudiar el Sol desde cualquier ángulo posible desde el interior de la parte superior del edificio.

El Caracol tiene tres ventanitas en la torre más alta. Al mirar a través de estas ventanas, los astrónomos mayas observaban cosas como el punto exacto donde se ponía el sol en los equinoccios, que son dos días del año en los que hay el mismo número de horas de luz solar y oscuridad.

Mediante la observación del cielo desde El Caracol, los mayas descubrieron correctamente el año solar de la Tierra, o cuánto le toma a la Tierra hacer una traslación alrededor del Sol. Los mayas también predecían los eclipses solares. En la Tierra, un eclipse solar es cuando la Luna pasa delante del Sol y bloquea la luz del Sol. Aún en la actualidad, los astrónomos se asombran de los conocimientos que tenían los mayas sobre los movimientos en el cielo.

El observatorio McDonald en Fort Davis, Texas, se parece a El Caracol.

Dentro de El Caracol hay una escalera en espiral. La escalera parece la espiral que hay dentro de la concha de un caracol.

El Campo de juego de pelota

Los juegos de pelota son populares en todo el mundo. Personas de todas las edades disfrutan jugar al baloncesto, el béisbol, el fútbol y el fútbol americano. Los mayas jugaban un juego de pelota especialmente emocionante y, para algunos, peligroso.

El Campo de juego de pelota en Chichén Itzá es el campo de pelota más grande que queda en Mesoamérica. Está construido en piedra y tiene forma de rectángulo largo con pequeños recodos en cada esquina. Las paredes empinadas del campo se extienden 554 pies a lo largo y 231 pies a lo ancho, que es más grande que un campo de fútbol americano.

No sabemos cuáles eran las reglas exactas de este juego de pelota maya, pero tenemos una idea, basándonos en las ilustraciones mayas y en los juegos de pelota que se juegan en la región en la actualidad. El juego quizá se haya jugado como el fútbol. La pelota estaba hecha de goma de los árboles de caucho cercanos y pesaba hasta 20 libras. No se permitía que los jugadores tocaran la pelota con las manos.

El campo tenía aros grandes que sobresalían de cada lado largo del rectángulo. El objetivo del juego era patear la pelota a través de los aros, que estaban en lo alto de las paredes.

La competencia en los deportes de la actualidad puede ser intensa, pero había vidas en juego durante estos primeros juegos de pelota de los mayas. Solía matarse a los perdedores del juego, pero se trataba a los ganadores como héroes.

∧ Esta escultura de un jugador de pelota maya muestra la ropa protectora que usaba durante un juego.

Un aro de piedra en el Campo de juego de pelota está colocado a unos 20 pies sobre el suelo. La altura del aro hacía que fuera muy difícil anotar un punto.

Compruébalo Explica algunos conocimientos que tenían los mayas sobre la astronomía.

Un buzo explora una enorme cueva subacuática cerca de Chichén Itzá.

Arqueología SUBACUÁTICA en la península de Yucatán

por Jennifer A. Smith

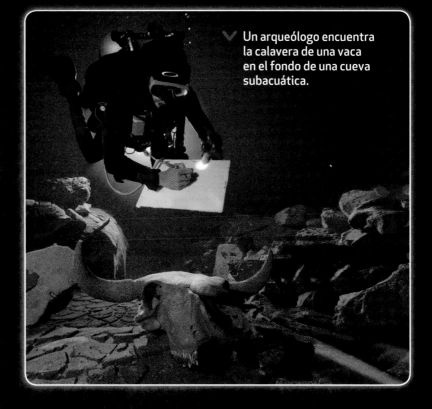

Un arqueólogo encuentra la calavera de una vaca en el fondo de una cueva subacuática.

¿Qué te imaginas cuando piensas en arqueólogos que excavan ruinas de culturas del pasado? Quizá piensas en palas, tierra y artefactos polvorientos, pero, ¿qué te parecen los trajes de buceo, los tanques de oxígeno y las aletas para bucear? Esas son algunas de las herramientas de los **arqueólogos subacuáticos**. Un arqueólogo subacuático se sumerge en las profundidades del agua para buscar objetos que nadie ha visto o sostenido en siglos.

Los arqueólogos subacuáticos excavan y estudian artefactos que encuentran en sus inmersiones. Para hacer su trabajo, también deben estar capacitados en arqueología y buceo. Estos científicos trabajan en todo el mundo. Localizan objetos importantes en océanos, lagos, ríos profundos y fuentes de agua subterráneas.

Los arqueólogos subacuáticos se enfrentan a

pueden ser peligrosas bajo el agua, e incluso para los buzos más experimentados, sumergirse en sitios arqueológicos puede ser especialmente difícil. Los buzos se enfrentan a una mala visibilidad en agua oscura y turbia, que hace que sea difícil localizar artefactos. Solo pueden estar bajo el agua por poco tiempo, ya que el suministro de aire que llevan es limitado. El movimiento constante del agua puede enterrar artefactos bajo la arena. Y no te olvides de los peligros normales del buceo: los tiburones, las tormentas y los mareos. Un arqueólogo subacuático incluso puede encontrarse cara a cara con un cocodrilo en un día normal de trabajo.

Continúa leyendo para saber cómo los arqueólogos subacuáticos han descubierto muchas pistas en la península de Yucatán sobre la vida diaria, el arte y la religión de los mayas.

GUILLERMO DE ANDA

Antes de convertirse en arqueólogo, Guillermo de Anda era el dueño de una tienda de buceo exitosa. Sumergirse en cuevas subacuáticas fue lo primero que lo atrajo al mundo de la arqueología subacuática. Finalmente, cerró su tienda para estudiar en una Universidad en México. Actualmente, de Anda es profesor de arqueología subacuática.

SUMERGIRSE
en lo profundo

Guillermo de Anda, explorador de National Geographic, es arqueólogo subacuático. Junto a su equipo de estudiantes explora los diversos **cenotes**, o enormes agujeros en la tierra llenos de agua, de la península de Yucatán. Los cenotes se forman cuando el ácido de la lluvia lentamente disuelve la roca subterránea y forma una cueva. Con el tiempo, la cueva se hace muy grande, se llena de agua y finalmente se derrumba.

Guillermo de Anda y su equipo se sumergen en los cenotes en busca de señales de los mayas. Han encontrado templos subacuáticos durante sus inmersiones. ¿Cómo construyeron los mayas templos bajo el agua? Según de Anda, no lo hicieron. Los templos se construyeron en los cenotes durante sequías terribles, cuando el nivel del agua era muy bajo.

Quizá parezca extraño que se construyan templos bajo la tierra, pero para los mayas tenía mucho sentido. Creían que sus dioses vivían debajo del suelo en un inframundo misterioso. Los mayas construían templos en los cenotes secos y dejaban obsequios para complacer a los dioses de la lluvia. Creían que si complacían a sus dioses, los dioses harían que lloviera de nuevo. La lluvia abundante terminaría con la sequía y llenaría el cenote de agua.

❯ Mientras lo descienden de manera segura al agua, de Anda echa un vistazo a un cenote. Las paredes están cubiertas con raíces de árboles. Interesantes formaciones rocosas cuelgan del techo.

DESAFÍOS
abajo

Descender a un cenote no es una tarea fácil para de Anda y su equipo. La caída empinada desde la abertura de un cenote hasta la superficie del agua puede ser de cientos de pies. Los arqueólogos deben llevar cámaras y equipo de buceo al cenote. Pero el descenso no es el único desafío. Suele haber abejas y avispas en los cenotes. El equipo debe llevar un ahumador para repeler a los insectos que tienen aguijones. A las abejas y las avispas no les gusta el humo.

Los saqueadores plantean otro desafío para los arqueólogos. Estos ladrones han invadido y perturbado un sitio antes de que un equipo haya podido explorarlo. El equipo solo puede esperar que eso no haya sucedido antes de empezar una inmersión.

Aunque los arqueólogos subacuáticos se enfrentan a grandes desafíos, también obtienen grandes recompensas. Además de los templos, el equipo de de Anda ha encontrado piezas de cerámica de 1,000 años de antigüedad, cornamentas de venados e incluso restos humanos en los cenotes. Los artefactos y los restos a veces están incrustados en salientes en la pared de un cenote. Sin el esfuerzo de de Anda y otros arqueólogos subacuáticos, sabríamos mucho menos sobre los mayas.

⌄ Los arqueólogos a veces tienen mucha suerte y encuentran vasijas intactas. Esta vasija se encontró en un cenote en la península de Yucatán. Es un recipiente para contener alimentos y agua.

Guillermo de Anda ilumina huesos de animales con una luz brillante. Está buceando en un cenote en la península de Yucatán.

Compruébalo ¿A qué desafíos se enfrentan los arqueólogos subacuáticos como de Anda cuando exploran los cenotes?

Artefactos mayas

por Jennifer A. Smith

Los arqueólogos han descubierto una gran variedad de artefactos que dejaron los mayas. Desde símbolos misteriosos tallados en la piedra hasta hermosos ejemplares de cerámica. Estos artefactos nos dan pistas sobre la vida de los mayas. ¿Qué pueden contarnos del pasado estos tesoros?

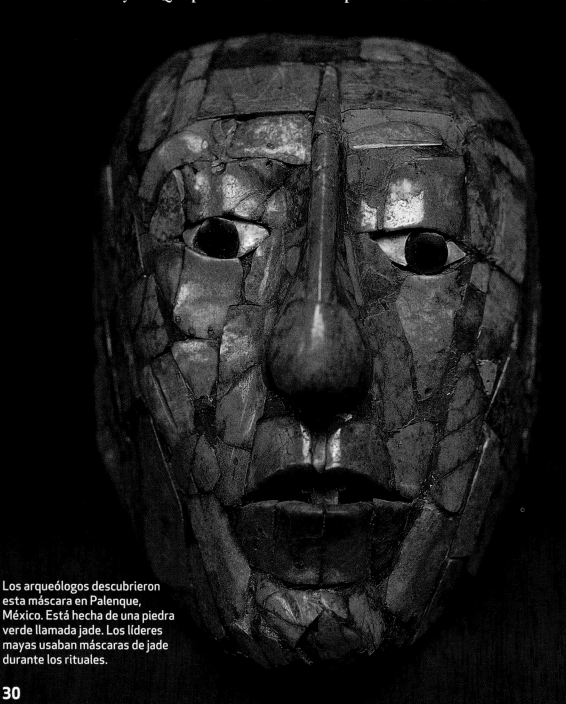

> Los arqueólogos descubrieron esta máscara en Palenque, México. Está hecha de una piedra verde llamada jade. Los líderes mayas usaban máscaras de jade durante los rituales.

Alrededor del año 250 a. C., los mayas desarrollaron un sistema de escritura. Estaba basado en **glifos**, o dibujos y símbolos que representan letras y palabras. Los mayas dibujaban glifos en papel y los pintaban en murales. Estos murales contaban relatos de la historia maya y la vida de sus reyes. Los mayas también grababan glifos en la piedra, como los que se muestran aquí.

Los glifos les dan a los lectores información sin usar palabras. Ejemplos modernos de glifos pueden encontrarse en señales de tránsito, pantallas de computadoras e incluso en este libro.

Los arqueólogos hallaron este mural colorido en un sitio arqueológico en el sur de México. Los murales dan pistas sobre cómo se vestían, luchaban en guerras y qué pensaban del mundo los mayas.

Esta escultura de **cerámica** es un líder maya sentado orgullosamente en un trono. Los arqueólogos estudian las poses y la ropa de las personas talladas en las estatuas para conocer más sobre los mayas. Además de crear imágenes de personas importantes, los artistas mayas hicieron muchos artículos domésticos. Hicieron platos, vasos y tazones que se usaban para ceremonias religiosas.

Compruébalo ¿Qué aprenden los arqueólogos sobre los mayas mediante el estudio de los murale

Comenta

1. ¿Qué crees que relaciona a los cinco artículos que leíste en este libro? ¿Qué te hace pensar eso?

2. ¿En qué se diferencian y en qué se parecen las pirámides de los antiguos egipcios y las pirámides mayas?

3. ¿De qué maneras usaban el chocolate los mayas?

4. ¿Cómo nos ayuda la arqueología subacuática a comprender a los mayas? Da al menos dos ejemplos para respaldar tu respuesta.

5. ¿Qué más quieres saber sobre los mayas? ¿Sobre qué cosas te gustaría saber más?